Bafokeng

I0450318

Published by Nalane ka Fezekile Futhwa
PO Box 1452
Alberton
1450

Web: www.nalane.org.za / www.futhwa.org.za
Email: ffuthwa@nalane.org.za / fezekile@futhwa.org.za

Cover design by Fezekile Futhwa

First Published: March 2012

ISBN: 978-1475003376

1

Dikahare

Selelekela

Helehelele.............

Maja mmutla o le tala,
Le o ranyaranyatse ditsebe,
Le nto iphutla phatleng ka mmutla,
Mahlohonolo a tle a le etele

Ke rola kgaebane ya me mme ke e tshwara ka letsoho. Ke kobotetsa
hlooho ka tlhompho. Ruri nalane ya Phokeng e batsi e bile e monate.
Ke mang ya neng a tseba hore dipale tse tholahalang hara ho thehwa
ha diboko di monate ha kaale? Hona ke mang ya neng a tseba hore
ka ho latellisa diboko, ke tla qetella ka nalane yohle ya setjhaba sa
Bafokeng?

Na hobaneng ha ke ngodile buka ena?

Diphuputsong tsohle tseo ke di entseng, ke fumane hore tsebo le
boqhetseke ba boroki bo ya bo ntse bo nqepha. Ngwana Mosotho ke
kgeleke ka tlhaho, mme o ne a kgona ho rokela ntho efe kapa efe eo
a kopanang le yona. Empa sena se fetohile.

Mosotho o ne a ipela ka tsebo ya hae e batsi mabapi le pale ya
setjhaba sa habo. Ke ka hona ho neng ho ena le ditshomo mehleng
eo, ho ruta bana le ho ba fa lefa la tsebo. Neletsano taba e ne e le
setsi sa boiphihlelo nthong tse ngata tsa bophelo. Mme bana ba ne ba
rutwa tsena tsohle ho tloha bonyenyaneng ba bona.

Ho sirela ha tsena tsohle ho re beha maemong ao re iphumanang re
le ho ona kajeno lena. Moo batho ba seng ba hloleha ho boledisa
diboko tsa bona.

Tsietsi ya sena ke koduwa hobane seboko ke senotlolo sa bophelo.
Motho ya sa tsebeng seboko sa hae o tshwana hantle feela le motho
ya sa itsebeng.

Ke ile ka makala haholo ha ke hlokomela hore boholo ba batho ha
bo sa tseba ho rokela diboko tsa bona. Ha motho a ile a boledisa

3

mantswe a mabedi a mararo e ba tsohle di lokile! Ke ka hoo re tshwarang mathata mafung hobane malapa ha a sa itseba, mme ha ba tsebe ho rokela bafu ba bona ke hona. Ka tsela eo batho ba bolokwa ntle le phelehetso e nepahetseng.

Ho feta mona, seboko se fupere pale ya setjhaba sa heno.

Ho bile monate ho nna ho fupara tsebo ka setjhaba sa Bafokeng. Ho hlokomela hore Bafokeng ke setjhaba se seholo ho le ho kae. Le karolo eo Bafokeng ba e bapetseng ntshetso peleng ha setjhaba sa Basotho ka kakaretso.

Ka hoo, buka ena e ngodilwe ho thusa malapa, meloko le setjhaba sa Bafokeng ho itseba ha mmoho le ho boloka nalane ya sona.

Mona o tla badisetswa ka hore Bafokeng ke bo mang, ba etswa kae le hona hore ha ba ithoka ba re eng?

1. Naha ya Rantsho

1.1 Lefatshe la Rona

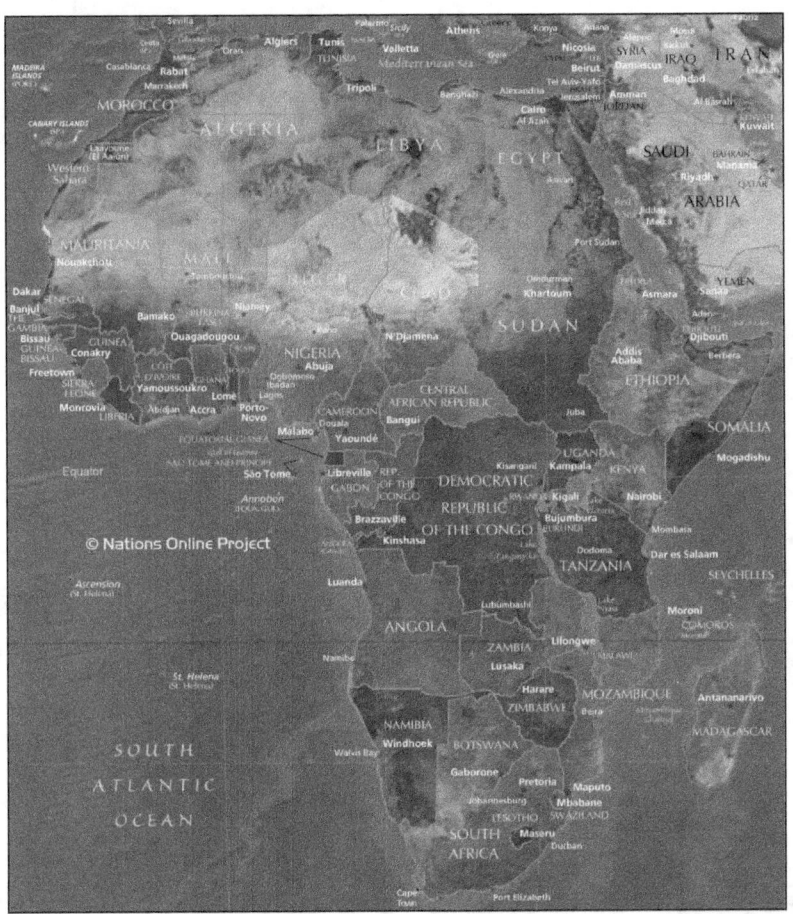

1.2 Lefatse la Basotho

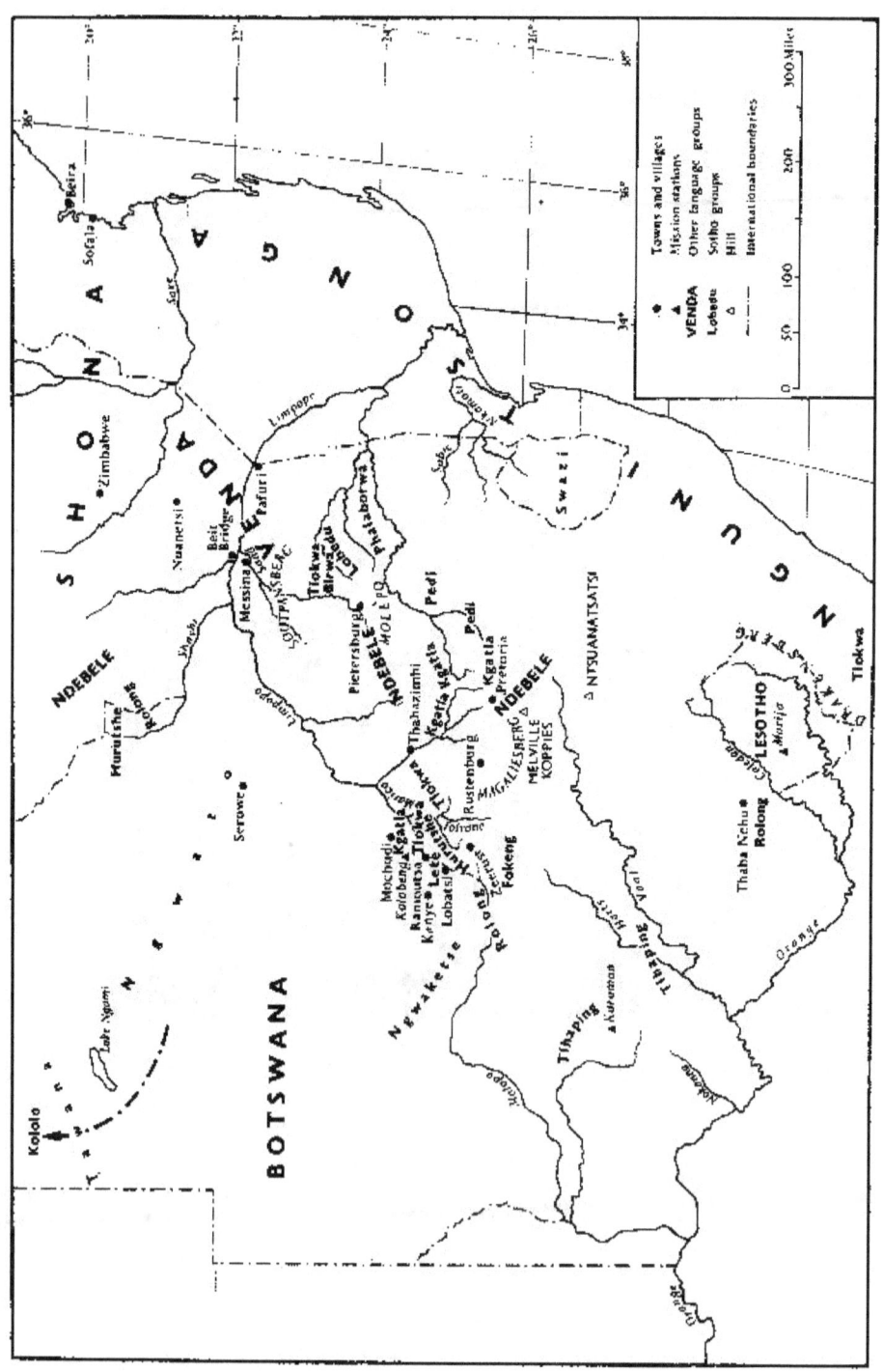

1.3 Moo Bafokeng ba leng teng

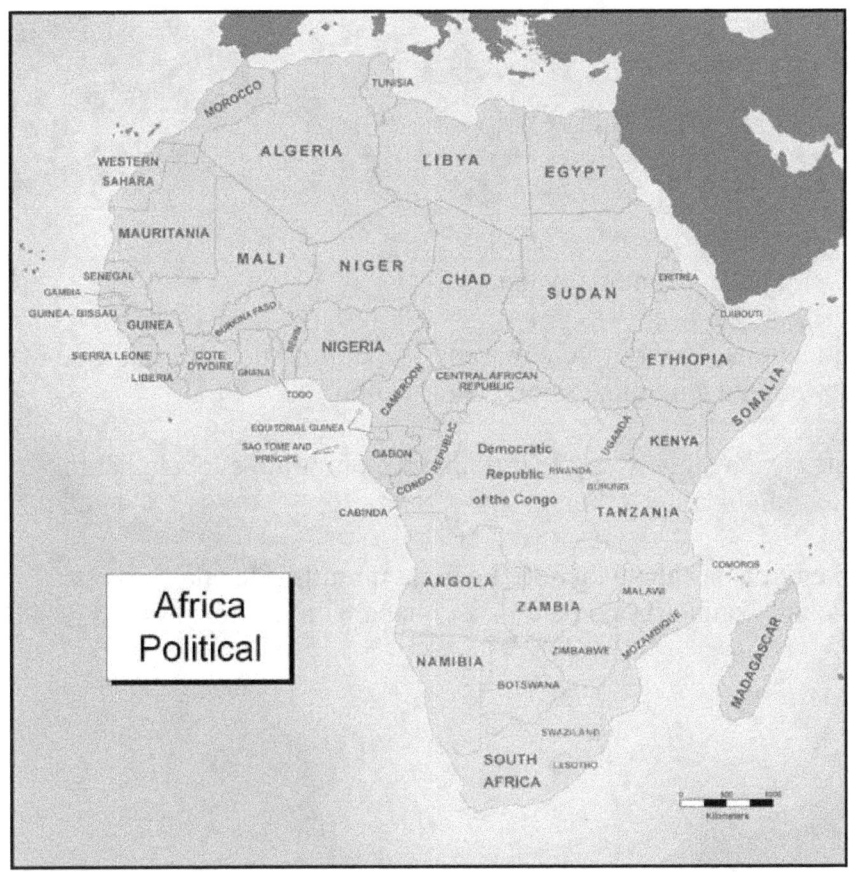

2. Bafokeng ba ana eng?

Bafokeng ba ana Mmutlanyana.

Mmutlanyana ke phoofolo e masene le maqitolo ho latela ka moo e hlaloswang ka teng ditshomong tsa Basotho.

Mmutlanyana o eja jwang le ditlama. Ke phoofolo e lebelo haholo mme e tholahala naha thote.

Bafokeng ba tsebahala ka hore ke maja mmutla o le tala ka ha ba lokela ho o loma ditsebe pele ba ka pheha nama ya teng.

3. Na Seboko ke eng?

Banna, ka ba ka hopola papadi ya mantilatilane, yona e re hopotsang le hona ho re ruta ka diboko tsa habo rona. Papadi e rutang bana bokgeleke ba boroki le bothotokisi.

Mantilatilane:
Mmotsi: O tswa kae?
Seroki: Ke tswa ha Mantilatilane
Mmotsi: Wa ja eng?
Seroki: Ka ja bohobe
Mmotsi: Wa futswela ka eng?
Seroki: Ka metsi a pula
Mmotsi: Thella he!
Seroki: Ke thelle jwang ke le…(e ba o rokela seboko sa hae)

Mohlala:
Ke thelle jwang
Ke le Mokgatla, Moananong,
Motho wa Mankwane,
Motho wa Mamodise a Setabele,
Ke motho wa Manalane a Kgabo,
Moana nonyana e hodimo, nkgodikgodi
(*thoko e tswella pele*)

Ha re phethela thoko ya seboko re qetella ka hore "*ya kgaola ya ya!*"

Batswadi, na le sa ruta bana ka diboko tsa bona?

Seboko ke senotlolo se rutang ngwana ntho tse ngata ka yena le moloko wa habo. Ke tsela ya ho badisa meloko hore ngwana a tsebe baholo ba hae le hore o tswalwa ke bo mang. Ka hoo, seboko ke leloko.

E re ka ha seboko e le leloko, se boela se seha meedi ya hore na ho nyalwa kae mme ha ho nyalwe kae. Ke seboko se kgonang ho hlalosa hore na motho ke wa heno kapa tjhe.

Seboko se o tsebisa badimo ba heno, hore o se qetelle o tlotla badimo ba baditjhaba. Sena se bohlokwa hlokwa tabeng tsa moetlo ka ha ho hlokeha tsebo e batsi ya badimo ba lelapa.

Seboko se o qhaqhollela sebomodimo ba hao, hore o tsebe modimo wa hao. Ha re rapela re re "*welewelele...*", ke seboko se o teanyang le modimo wa hao.

Seboko se boela se fana ka tsebo le lesedi la nalane ya setjhaba sa heno. Ka hoo, ha o tseba seboko sa hao, o tseba nalane ya setjhaba sa heno.

Ho feta mona, dithoko tsa diboko di ruta bana ba rona boiphihlelo nthong tse kang dithoko le dithotokisong. Ke hore ke ka tsebo ya diboko moo ngwana a tjhorehang teng ho ba kgeleke le seroki.

Seboko ke neletsano taba hobane bana ba rona le bona ba tla lokela ho fetisa tsebo ena ka molomo baneng ba bona mohla ba hodileng. Ka hoo, papadi tse kang mantilatilane di ntshetsa bokgoni ba neletsano taba pele.

Hlokomela kamano e teng pakeng tsa seboko, lebitso la motho, nalane ya motho, dithoko le moetlo. Ha re reneketsa ngwana re mmitsa ka seboko sa hae, ka Sesotho re be re etsa thapelo. Re bile re ba mahokela pakeng tsa ngwana eo le badimo ba hae. Hodima mona, re tsebisa ngwana ho setjhaba le hore setjhaba se tsebe ngwana eo.

Seboko ke puo. Ngwana o tshwara puo ka tshebediso ya dipapadi tse kang mantilatilane ha mmoho le mekgabo puo e meng jwalo ka maele, dikapolelo le maele. Ka hoo he, mekgahlelo yohle ya Sesotho e ya neletsana ho holeng ha ngwana. Ngwana ya sa tsebeng puo ya hae a ke ke a tseba seboko sa hae, hobane tsebo ya seboko ha se feela ho se rokela, empa ke ho fumana moelelo o patilweng hara dithoko tsena. Ka hoo tsebo ya maele, dikapolelo le mekgabo puo e meng e bohlokwa.

Ntho e ka hodima ka ho fetisisa tsohle, ke hore seboko ke tshiya le motheo wa lelapa! Ha ho lelapa le ka thehwang ntle le tsebo ya diboko hobane bophelo bohle bo itshetlehile hodima dikamano ka diboko.

Ka ho rialo he Basotho, tsebo ya diboko tsa habo rona e hlokolotshi. Bana ba lokela ho itseba hore na bona ke bomang. Ha re ruteng bana ba rona ka diboko tsa habo bona.

Seboko ke moetlo.

Lesedi.

4. Tlhakisetso ka Diboko

Sethatong Basotho ba ne ba tsejwa ka diboko tse mmalwa feela, mme diboko tsa boholoholo ke tsena:
- Bafokeng
- Bakwena, ba tswetsweng ke Bahurutse
- Bakgatla, ba tswetsweng ke Bahurutse

Ditjhaba tsohle tse fumanehang mehleng ya kajeno tsa Basotho di tswetswe ke tsena tse bolelwang. Bakwena ke lekala le leholo la diboko tsa Basotho, mme ba latelwa ke Bakgatla.

Ke tsona tjhaba tsa pele tsa ho fihla Aforika e ka Borwa mengwaheng-kgolo ya bo 1400.

Mehleng eo, Basotho ba ne ba ipitsa ka diboko tsa bona mme lebitso lena la Mosotho le ne eso ka le eba teng. Ba qadile ho bitswa Basotho ho latela ho thehwa ha puso ke morena Moshoeshoe mane Thaba Bosiu, ho latela ntwa ya difaqane e neng e qhadile ditjhaba tsohle. Moshoeshoe o ile a bokella bohle tlasa puso ya hae mme bao bohle ba tsejwa ka hore ke Basotho. Tsena tsohle di etsahetse pakeng tsa mengwaha 1830 le 1850.

Ho latela nalane, ho thehwa ha diboko tsa Basotho ho tsamaile tjena:

Bafokeng

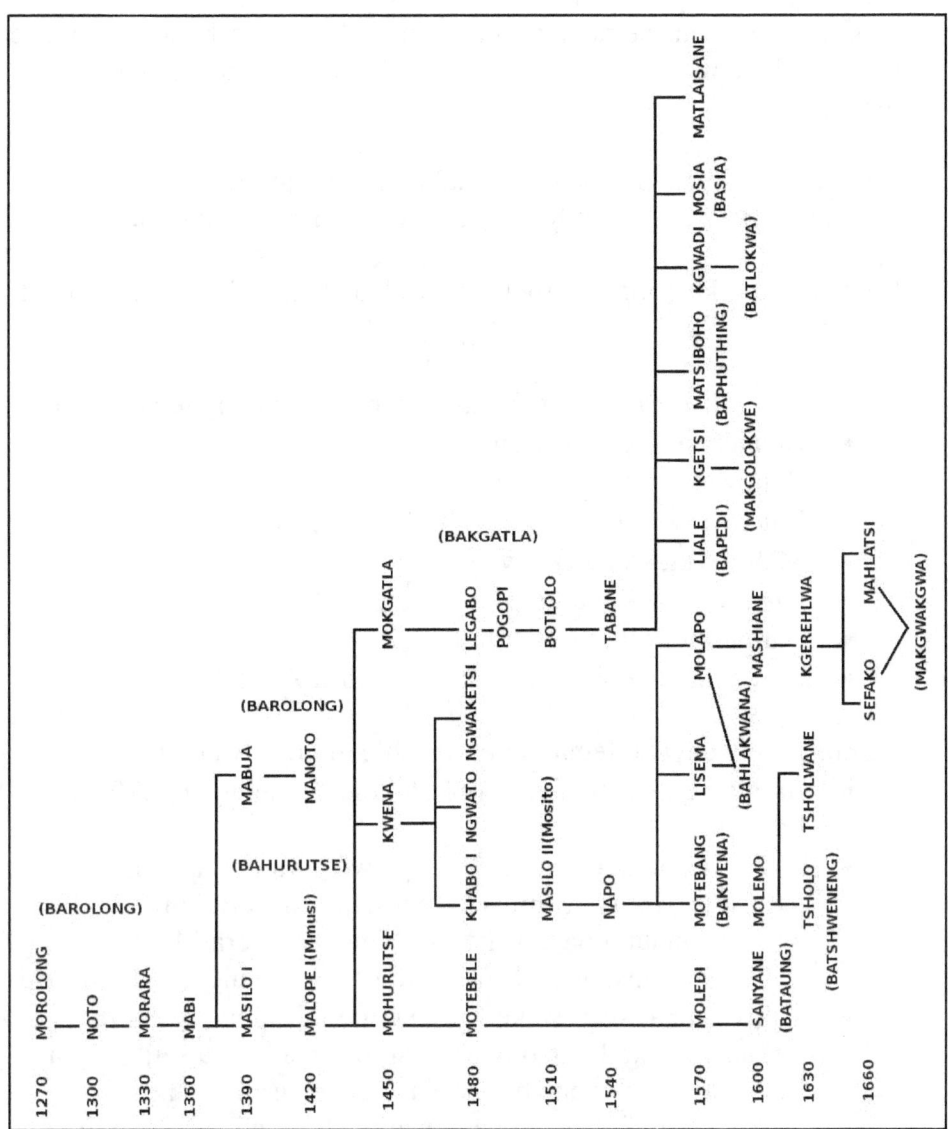

Setshwantsho sena se fana ka sebopeho sa hore na seboko ka seng se tswa kae le hore na ho thehwa ha setjhaba sa Basotho ho tsamaile jwang.

Ho latela setshwantsho sena, ho hlakile hore ntle le setjhaba sa Bafokeng, Basotho bohle ba tswalwa ke setjhaba sa Bahurutse.

Ka kakaretso, ke bontsha diboko tse tsebahalang kajeno le hore na di kgelohile ho dife:

- Bahurutse ba ile ba tswala setjhaba sa Bataung le Bakwena
- Bahlakwana ke Bakwena
- Bangwaketsi ke Bakwena
- Batshweneng ba kgelohile ho Bakwena
- Makgwakgwa ke Bakwena
- Dihoja ke Bakubung
- Bamangwato ke Baphuthing
- Bafula ba kgelohile ho Bataung ba RaMokgele

Ka bokgutshwenyane feela, diboko tsohle di tswalwa tjena:
- Bafokeng ke setjhaba sa boholoholo se theohileng Aforika Leboya.
- Mohurutse o tswalwa ke Malope wa I, ya tsebahalang ka lebitso la Mmusi. Mmusi ke wa setjhaba sa Bahurutse.
  - o Bataung ba tswalwa ke Sanyane, mora Mmoledi, tloholwana sa Motebele; ya tswalwang ke Mohurutse.
- Bakwena ba tswalwa ke Kwena, mora Malope wa I; ya tsebahalang ka lebitso la Mmusi. Mmusi ke wa setjhaba sa Bahurutse. Bakwena ba tswala ditjhaba tse latelang:
  - o Bahlakwana ba tswalwa ke Disema le Molapo, bara ba Napo.
  - o Makgwakgwa a tswalwa ke Kgerehlwa, mora Mashiane wa Molapo wa Napo.
  - o Batshweneng ba tswalwa ke Tsholo, mora Molemo wa Motebang wa Napo.
- Bakgatla ba tswalwa ke Mokgatla, mora Malope wa I, ya tsebahalang ka lebitso la Mmusi. Mmusi ke wa setjhaba sa Bahurutse. Bakgatla ba tswala ditjhaba tse latelang:

- o Bapedi
- o Makgolokwe
- o Baphuthing
- o Batlokwa
- o Basia
- o Bakgatla

Ho latela tlhahlamano ya meloko, Bafokeng ke sona setjhaba se seholo ka ho fetisisa hara Basotho, ka ha ba ballwa hore ba fihlile Ntswana-tsatsi ngwaheng kgolo wa 1300. Ha latela Bakwena le Bakgatla ka bo 1420. Bakwena ba ha Monaheng le ba ha Moketedi le Bahlakwana ba thehilwe ka bo 1570. E be ho latela ditjhaba tse tswetsweng ke bara ka morena Tabane e leng Bapedi, Makgolokwe, Baphuthing, Batlokwa le Basia; tsena tsohle tse thehilweng ka bo 1570. Morao ha mona ha latela Batsweneng mengwaheng kgolo ya bo 1600. Ba ho qetela e bile Makgwakgwa ka ngwaha kgolo wa 1630[1].

Mona re lokela ho ela hloko phapang pakeng tsa Baphuthing le Baphuthi. Setjhaba se thehilweng ke Matsiboho mora morena Tabane se bitswa Maphuthing, seo se tsebahalang kajeno e le Baphuthing. Baphuthi ke setjhaba se tswalwang ke Laake mora Dlamini, bao e leng Matebele. Morena ya tsebahalang haholo wa setjhaba sa Baphuthi ke morena Moorosi.

Ditjhaba tsena tse pedi, Maphuthing le Baphuthi, di ile tsa kopana hoba ntho e le nngwe; ke ka hona ha kajeno lena ho buuwa ka setjhaba se le seng, e leng sa Baphuthing.

---

[1] Hlokomela hore dinako tsa dilemo di hlahella di sa nepahala ho latela diphuputso, e ka Basotho ba fihlile kwano lemong tsa 200 AD; feela diphuputso di tswela pele.

5. Lenaka la Motheo

Na motho o tswa kae?

Pele re araba potso ya hore na motho o tswa kae, ha re qale pele ka
ho hlakisa taba ena, na Mosotho ke mang? Mosotho ke ngwana
Rantsho ya buang puo ya Sesotho, mme a dumela ho mekgwa le
meetlo ya Basotho. Na Rantsho yena ke mang? Rantsho ke bana ba
thari e ntsho, ba lebala le sootho, mme bao e leng MaAforika ka
tswalo.

Ditjhaba tsohle tsa Rantsho di na le nalane ya hore na di etswa kae,
le ha kwana Rantsho e le ntata ditjhaba tsohle tse sootho ka mmala.
Rantsho ke ntata ditjhaba tsohle lefatsheng mme o tswaletswe
Leboya-Botjhabela ba Aforika, teng moo phoofolo e motho e
tswalwang teng.

Metsamao ya ditjhaba tsa Rantsho ho tla kwano Aforika e Borwa e
eme tjena:

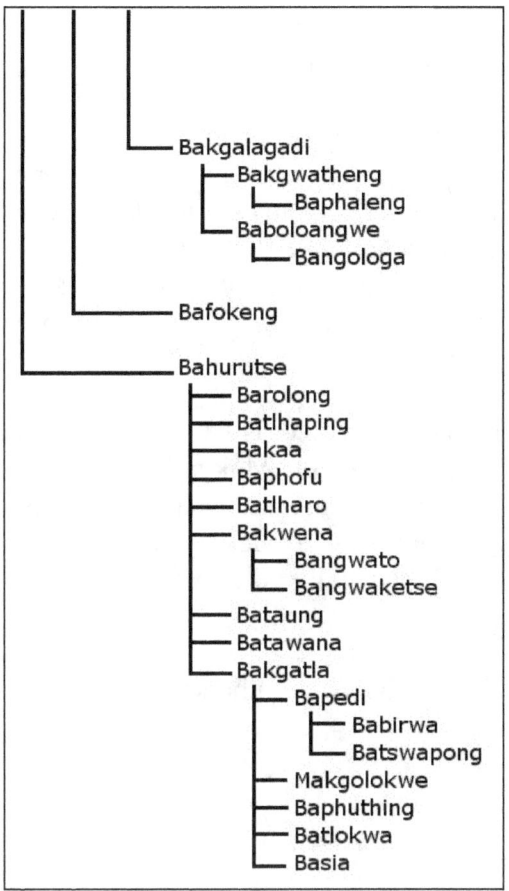

Ho latela dipale le ditshomo tsa Basotho, Mosotho wa pele o bitohile lehlakeng Ntswana-Tsatsi.

Na Ntswana-Tsatsi ke eng?

Ntswana-Tsatsi ke sebaka seo ho sona setjhaba se tsejwang kajeno e le sa Basotho se tswetsweng teng. Mosotho wa pele wa ho bitoha Ntswana-Tsatsi ke Masilo I. Masilo I ke yena ntata setjhaba sa Basotho.

Masilo I ke mora Mabi wa sejthaba sa Bahurutse mme o tswetswe ngwaheng kgolo wa bo 1390. Bahurutse ke setjhaba sa boholo se theohileng hodimo ba Aforika mme ba tla hloma naheng e tsejwang kajeno lena e le Botswana. Ho fihlela nakong ena, puo ya Sesotho e ne e le siko mme le setjhaba sa Basotho se eso ho be teng.

Hona nakong eo, ke ha setjhaba sa Bafokeng le sona se fihla Ntswana-Tsatsi ho tloha hona teng leboya la Aforika mme ba hloma hona teng Ntswana-Tsatsi. Hantlentle, ke setjhaba sa Bofokeng se fihlileng pele Ntswana-Tsatsi, sa nto latelwa ke Bakwena. Ho fihleng ha Bafokeng Ntswana-Tsatsi, puo ya Sesotho e ne e so ka e ba teng. Bohle ba ne bua Serolong, mme Sesotho se hlahile ha morao hoba bohle ba hlome Ntswana-Tsatsi.

Ntle ho Bafokeng, ditjhaba tsohle tsa Basotho di tswetswe ke Masilo I ka bara ba bararo e leng Mohurutse, Kwena le Mokgatla. Mohurutse o ile a tswala setjhaba sa Bataung, hara tse ding. Kwena a tswala Bakwena, Batshweneng, Bahlakwana le Makgwakgwa. Mokgatla yena a tswala Bakgatla, Bapedi, Makgolokwe, Baphuthing, Batlokwa le Basia.

Ka bokgutshwenyane, tswalo ya setjhaba sa Basotho ke ena:

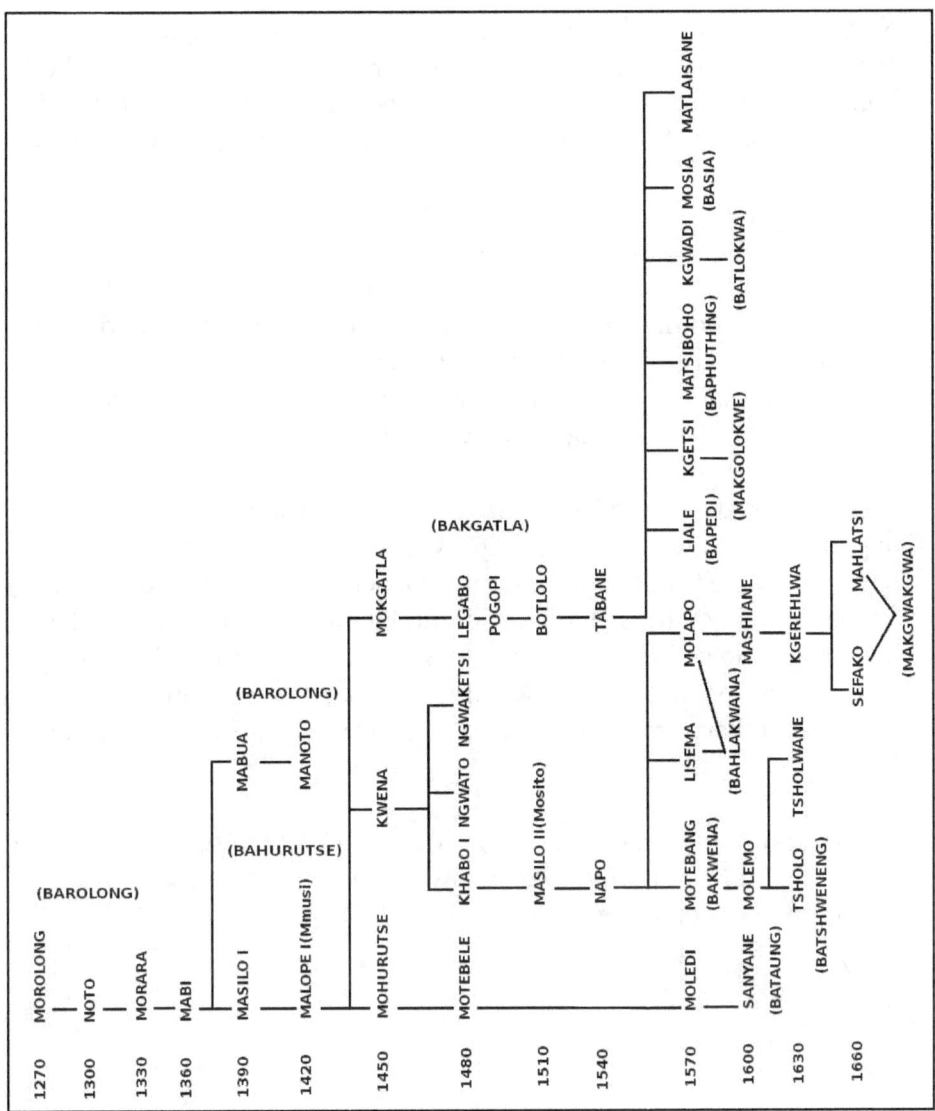

Ke ka hona ho thweng Mosotho o bitohile lehlakeng Ntswana-Tsatsi,
hobane Ntswana-Tsatsi ke teng moo Basotho ba tswetsweng teng.
Ho tloha mona Basotho ba ile ba phatlalla le naha ho ya ka diboko
ho fapana. Ho phatlalleng hona ke teng moo ho hlahileng diqapodiso
tse ding tsa Sesotho tse tshwanang le Sekgolokwe ha mmoho le
Setlokwa; hobane tsena tsohle di ahlametswe ke ya SeZulu
haholoholo.

Ntlha e nngwe eo re lokelang ho e ela hloko ke ya hore lentswe lena Mosotho le bile teng morao tjena ha morena Moshoeshoe I a bokella bohle tlasa puso ya hae mehleng ya difaqane. Sena e bile dilemong tsa bo 1820, pele ho mona, Basotho bohle ba ne ba tsejwa ka diboko tsa bona.

Na lentswe Mosotho le tswa kae?

Ha re qale ka ho hlakisa hore ditjhaba tsohle di ne tsejwa ka diboko tsa tsona pele di fihla Ntswana-Tsatsi. Ditjaba tsohle tse tswetsweng Ntswana-Tsatsi di ile tsa ipitsa Basootho, ke hore, ba lebala le soootho; mme puo ya bona ya tsejwa ka hore ke Sesootho.

Basootho ba qetelletse ba tsejwa ka hore ke Basotho ho latela qapodiso e fosahetseng ya ho ngolwa ha Sesootho ke maburu a baruti mane Morija Lesotho. Ho latela tsebo ya bona e fokolang ya Sesootho, ba qetelletse ba fosa boholo ba mantswe a Sesootho. Ka hoo, Sesootho se ile sa ngolwa e le Sesotho; athe Mosootho yona ya ngolwa e le Mosotho. Mokgwa ohle wa ho ngola Sesootho o thehilwe ke baruti mme ke ona oo o sa ntseng o sebediswa kajeno lena!

Ka hoo, Ntswana-Tsatsi ke motso wa Mosotho le Sesotho hobane ke Bafokeng ba Mmutla feela ba sa tswalweng Ntswana-Tsatsi. Motso wa Bafokeng o eme tjena:

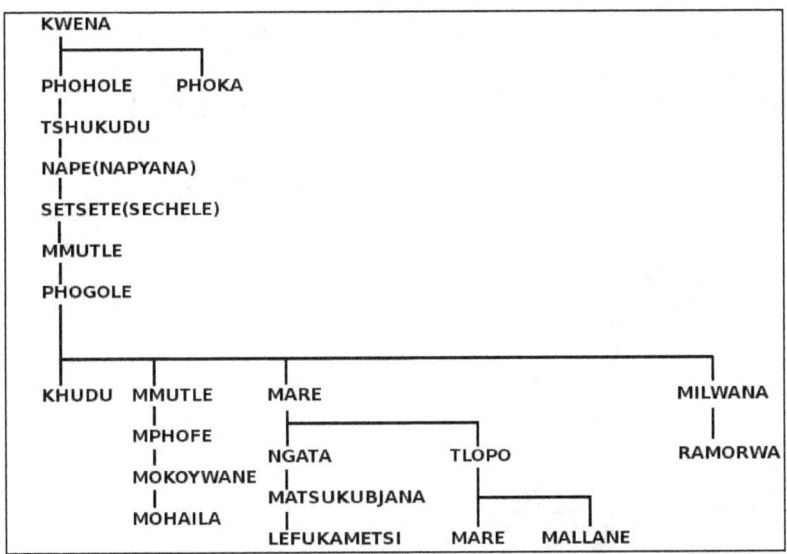

Makala ohle a Bafokeng a tswalwa ke Phogole II mora Mmutle, mme sena sohle se etsahala ba se ba le naheng e tsejwang ka hore ke Botswana kajeno.

Hobaneng ho thwe Masilo o bitohile lehlakeng?

Taba ya pele ke hore Ntswatsi-Tsatsi e botjhabela ba naha, nqalong e tsejwang kajeno lena e le Cornelius[2]. Sebaka sena se botjhaba tsatsi hobane ho latela nalane ya naha ya Basotho pele ha ho nkuwa ha lefatshe la rona ke maburu, Ntswana-Tsatsi e ne e le moedi pakeng tsa Basotho, Maswati le MaZulu. Ka hoo, ha ho ne ho buuwa ka botjhabela ba naha, ho ne ho buuwa ka Ntswana-Tsatsi. Sa bobedi ke hore lehlaka le amahanngwa le ho hloka sekodi, ke hore tlholeho kapa bohlweki. Ke ka hona Basotho ba hlomang lehlaka ntlong ya motswetse ha lesea le hlahile. Sa ho qetela ke hore lehlaka le tholahala nokeng, ka hoo le amahanngwa le metsi e leng mohlodi wa bophelo.

Ke ka hona botjhaba tsatsi e leng sebaka se kgethehileng ho Basotho hobane ke qalehong ya bophelo.

[2] Ke hanyetsana le sena ka ha Basotho ba fihletshe sebakeng seo e leng Botswana kajeno. Ho ya ka nna Ntswana-Tsatsi e tholahala Botswana kapa Tebang.

Ho thwe Masilo o bitohile lehlakeng hobane Ntswana-Tsatsi ke qaleho ya bophelo ba Mosotho. Ke ka hona diboko tsohle tsa Basotho di qala ho Masilo jwalo ka ntata setjhaba sa Basotho.

Ka hoo, dintho tse latelang di ya hlomphuwa ka Sesotho:

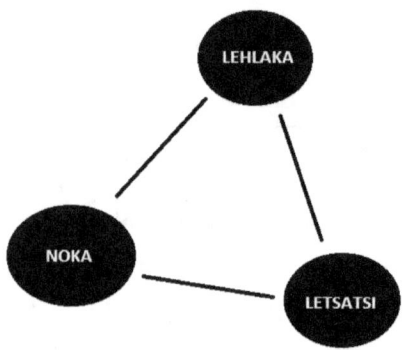

- **Botjhabela**

Botjhabela bo lopa letsatsi, e leng ho fanang ka lesedi le kganya. Ke ka hoo tumediso le thapelo ya Mosotho di reng "*lesedi, kganya*".

Sena ke ho tlotla tlholeho ya Mosotho, ha mmoho le tumelo ya hore letsatsi le tla dula le fana ka kganya le mahlasedi a lona ho Basotho ka mehla.

Ha Mosotho a re "*lesedi, kganya*", o bile o tlotla Mmopi wa hae.

- **Lehlaka**

Lehlaka ke letshwao la bohlweki, ke hore la ho hloka sekodi. Ka hoo tswalo ya Mosotho e amahanngwa le lehlaka.

Lehlaka le boetse ke molomo o pakeng tsa lefatshe la ba utlwang le badimo.

- **Noka**

Noka ke mofani wa bophelo ka ha metsi a fana ka bophelo.

Ho feta mona, noka ke sebaka seo ho sona ho tholwang dihahabi, mme sehahabi se noha se bapiswa le semaka ka ha badimo ba atisa ho itlhahisa ho batho ka sebopeho sa noha. Noha e bile ke yona e fehlellang dingaka bonkgenkge ha motho a ka thwasetsa nokeng. Ka hoo, ho na le tumelo ya hore ba fatshe ba tholahala dinokeng.

Ho phethela ditaba tsa tlholeho ya Mosotho, ke ho tloha Ntswana-Tsatsi moo teng Basotho ka ho fapana ba ileng ba tlala le naha ka tjako. E itse ha setjhaba se ntse se hola, yaba ho hlokeha makgulo, ka hoo batho ba qalella ho hloma ba hlomolle. Ke tsela eo setjhaba sa Basotho se atileng ka teng naheng eo re e bitsang ka hore ke ya Basotho. Ho fihleng ha bona dibakeng tse mmalwa, Basotho ba ile ba fumana setjhaba sa Barwa, mme bobedi ba aha setswalle le ho phedisana ka kgotso.

Puo ya Sesotho e wela tlasa lekala la dipuo tse bitswang dipuo tsa Batho(Bantu), e leng lekala le tsebahalang haholo ka ho thwe ke SeNguni. Tsena tsohle tsona di wela tlasa mokgahlelo oo ho thweng ke Niger-Congo. Congo ena he ke sona sebaka seo Bahurutse ba tswalwang teng, le ha mehleng eo e ne e tsebahala ka lebitso la Katanga.

Setshwantsho sa dipuo tsa Rantsho se eme tjena:

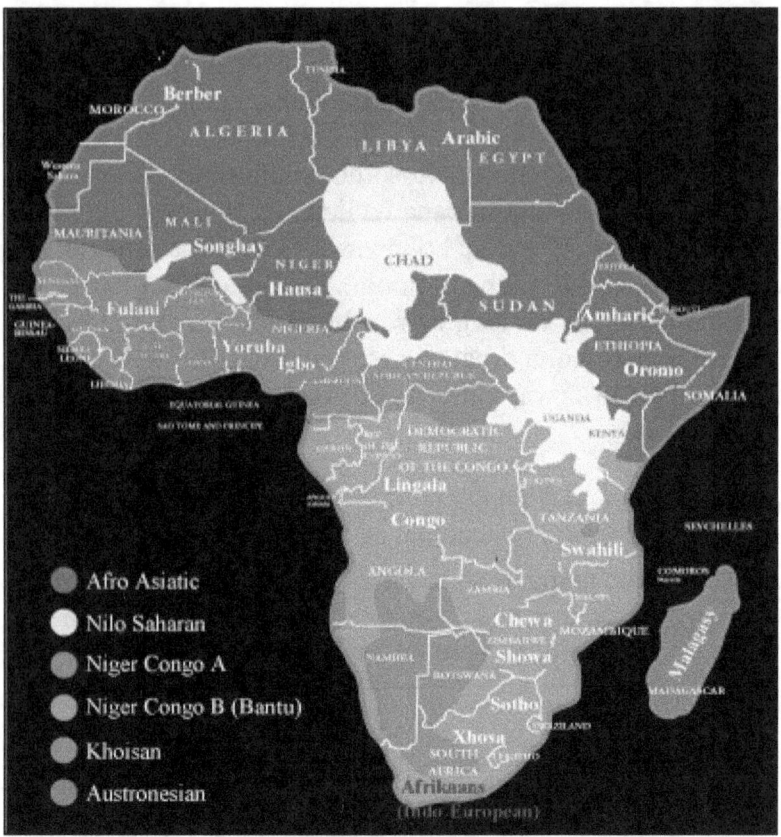

Dipuo tse fumanwang lehlakoreng leo la naha ya Rantsho di qhoqhollotswe tjena:

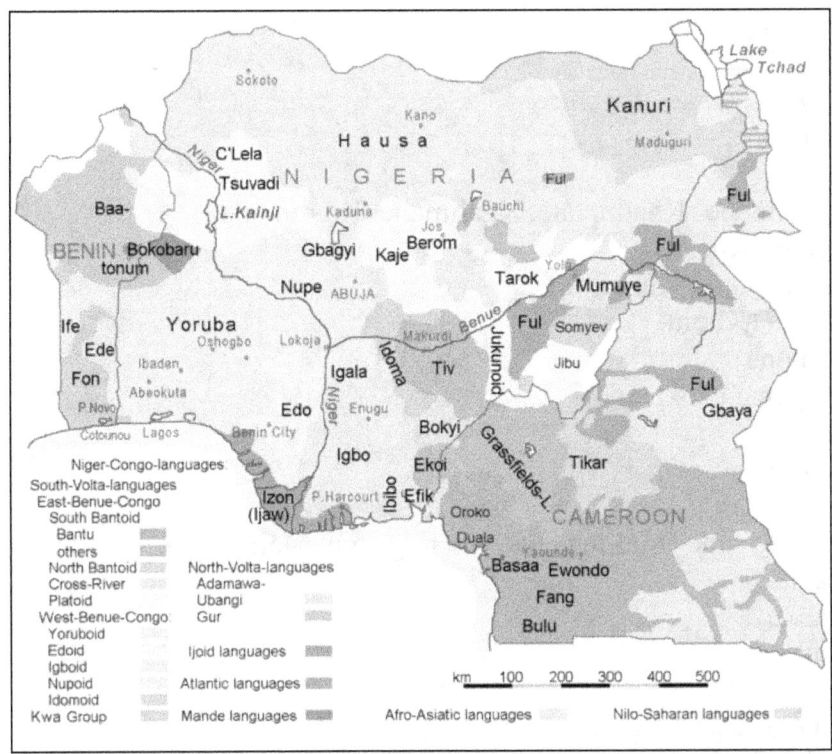

Hlokomela hore lekala la Batho(Bantu) le tholahala kae
setshwantshong sena. Ke teng moo Basotho bohle re tswang teng.

6. Letoto la Diboko

- Dijana
- Kalane
- Kata
- Kgadimane (Khadimane, Kgalimane, Khalimane)
- Kgetsi (Khetsi)
- Kgwanyane (Kgoanyane)
- Khodu (Kholu)
- Komane
- Lekgema (Lekhema)
- Lesetla
- Lesodi (Lesoli)
- Letseka
- Madingwane (Malingwane, Madingoane, Malingoane)
- Mahase
- Mahau
- Majoro
- Makara
- Maleleka
- Malekele
- Mallane
- Maloti
- Mamphane (Mphane)
- Mangole
- Mangwane (Mangoane)
- Mantoto (Ntoto)
- Mantsukunyane (Ntsukunyane)
- Maotwana
- Mare
- Marikgwe (Marikhwe, Marikhoe)
- Masekwane (Masekoane)
- Masilo
- Matsunyane
- Matube
- Modipa (Molipa)
- Modise (Molise)
- Moerane
- Mofokeng

Bafokeng

- o Mohaila
- o Moiloa
- o Mokebe
- o Mokgethi (Mokhethi)
- o Moraredi
- o Mosweu (Mosoeu)
- o Mphofe
- o Mpinane
- o Nkhase
- o Nkhethwa (Nkhethoa)
- o Nkupi
- o Nkwanyane (Nkoanyane)
- o Ntahle
- o Ntsikwe (Ntsikoe)
- o Ntsukunyane
- o Nyetsane
- o Patsa
- o Phohole
- o Phutswane (Phutsoane)
- o Pudumo (Pulumo)
- o Sebetwane (Sebetoane)
- o Sebolela
- o Sebota
- o Sebotsa
- o Sedikane (Selikane)
- o Seephephe
- o Sefiri
- o Sekeletu
- o Sekgomotane (Sekhomotane)
- o Selai
- o Seswane (Sesoane)
- o Sobi
- o Thokwane (Thokoane)
- o Tladi (Tlali)
- o Tlopo
- o Tshele (Tsele)
- o Tshiu (Tsiu)

7. Motso wa Bafokeng

Motso wa Bafokeng ka kakaretso o eme tjena:

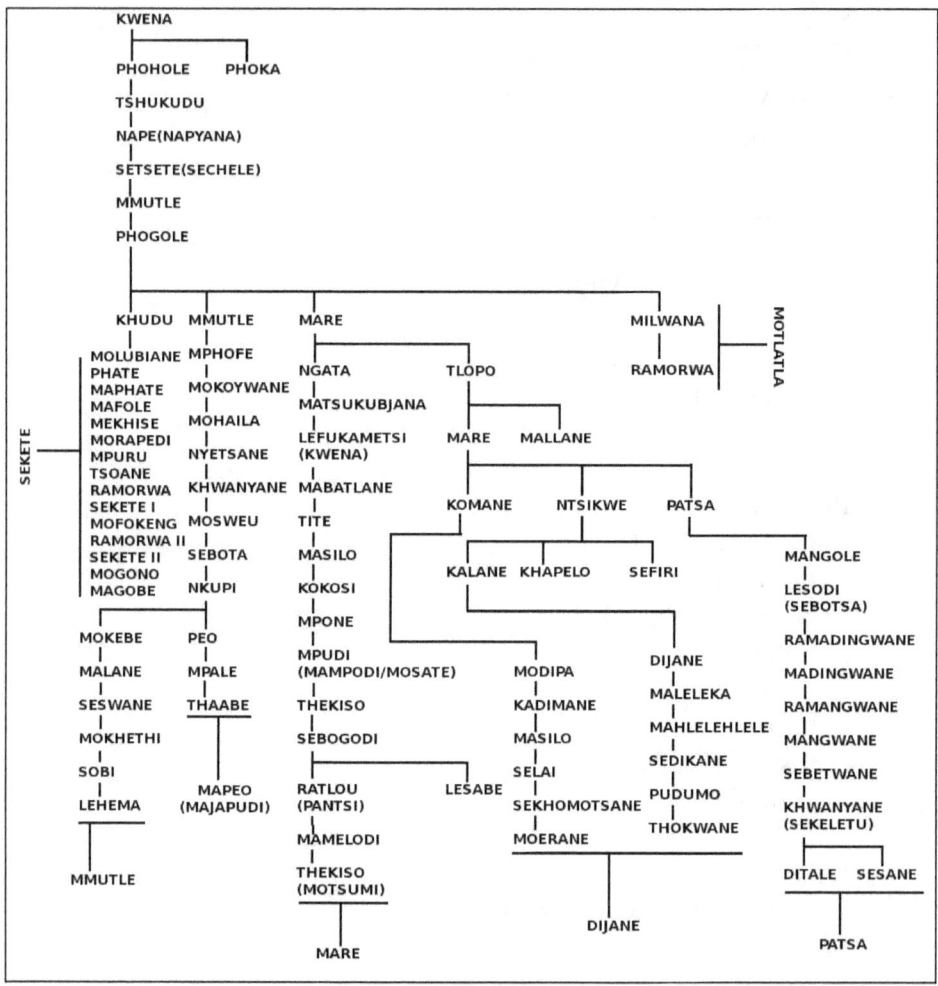

Sena ke setshwantsho sa makala ohle a Bafokeng le hore na makala ana ohle a thehilwe ke bo mang.

Ho latela moralo ona, ho na le makala a supileng a Bafokeng, e leng:
- Bafokeng ba Sekete
- Bafokeng ba Motlatla
- Bafokeng ba Mmutle

28

- Bafokeng ba Mapeo
- Bafokeng ba Mare
- Bafokeng ba Dijane
- Bafokeng ba Patsa

Bafokeng bana bohle ke ba ha Phohole. Bafokeng ba tswetsweng ke Phoka[3] ke lekala la borobedi la Bafokeng, empa bona ha se ba ha Phohole ka ha ba tswalwa ke Phoka moena wa Phohole.

Setjhaba sa Bafokeng se seholo mme se wela tlasa merabe e fapaneng ya Aforika. Kwano Aforika e ka borwa Bafokeng ba wela tlasa merabe ya:
- Bahurutse
- Barolong
- Batswana
- Basotho

Sena ke hobane Bafokeng boholoholong e ne e le Bahurutse[4], ba theohileng hodimo Leboya la Aforika ho tla fihla kwano Borwa ba Aforika. Setjhaba sa Bahurutse sona se kenyelletsa ditjhaba tse ngata, e seng Bafokeng feela.

Le ha kwana ke fanne ka motso wa Bafokeng ka kakaretso, ke fana feela ka diboko tsa Bafokeng tse tholahalang hara Basotho. Lebaka ke hobane buka ena ke ya Sesotho, ka hoo diboko(direto) tsa Bahurutse, Batswana le Barolong ha di ya kenyeletswa. Empa motso ona o kenyelletsa merabe ena yohle.

E re ke etse tlhakisetso e kgutshwanyane ke ena: Bafokeng ba Mapeo ba tswalwa ke Peo mora Nkupi mme ba tsejwa ka hore ke *maja podi*.

Ho latela lenaka la motheo, mosotho wa pele o bitohile lehlakeng Ntswana-Tsatsi, mme motho eo ke Masilo wa I. Moelelo wa sena ho setjhaba sa Bafokeng ke hore Sesotho se tswalwa Ntswana-Tsatsi hobane Bafokeng ba Basotho ba tswalwa mona.

---

[3] Ke sa ntse ke batlisisa ka Phoka le leloko la hae ka ha ke eso fumane dintlha ho hang ka yena.
[4] Ke sa batlisa morabe wa boholo oo Bafokeng ba neng ba bitswa ka ona.

Bafokeng ke batho ba pele ba ho fihla Ntswana-Tsatsi, mme sena se lohothwa hore ke ngwaheng-kgolo wa 1300[5]. Ho latela diphuputso, puso ya Bafokeng ngwaheng-kgolo oo ke ena:

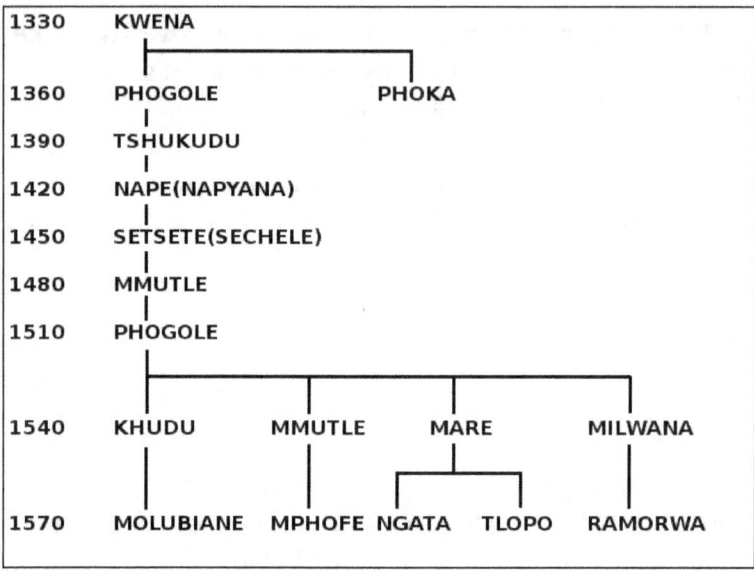

Empa ho latela Sesotho, ke makala a mahlano feela a Bafokeng a welang tlasa Basotho:
- Bafokeng ba Mmutle
- Bafokeng ba Mare

Bafokeng ba Mare ba akaretsa diboko tse latelang:
- o Ngata
- o Tlopo

  Tlopo yona e kenyelletsa diboko:
  - ➤ Komane
  - ➤ Ntsikwe
  - ➤ Patsa

- Bafokeng ba Dijane
- Bafokeng ba Patsa
- Bafokeng ba Motlatla

---

[5] Nako ena e fosahetse, nako e ntjha eo ke e fumaneng ke ya 200 AD. Ke sa batlisisa.

Tlhahiso leseding e lokela ho etsuwa hape ya hore Mabitso a sehlotshwana a fetohile ha a fihla Sesothong ho latela qapodiso ya puo ya Sesotho. Ka hoo, mabitso a latelang a bitswa ka ho latela puo ya Sesotho e seng mohlodi wa ona:

- Mmutle e bitswa Mmutla
- Dijane e bitswa Dijana
- Phogole e bitswa Phohole

Sena se etsahala hobane Sesotho se sebedisa *h* bakeng sa *g*. Ho feta mona, Sesotho se sebedisa *kg* bakeng sa *kh*. *Ch* yona e fetoha e ba *tjh*. *Oe* e fetohela ho *we*, athe *ea* e fetoha *ya*.

5.1 Bafokeng ba Sekete

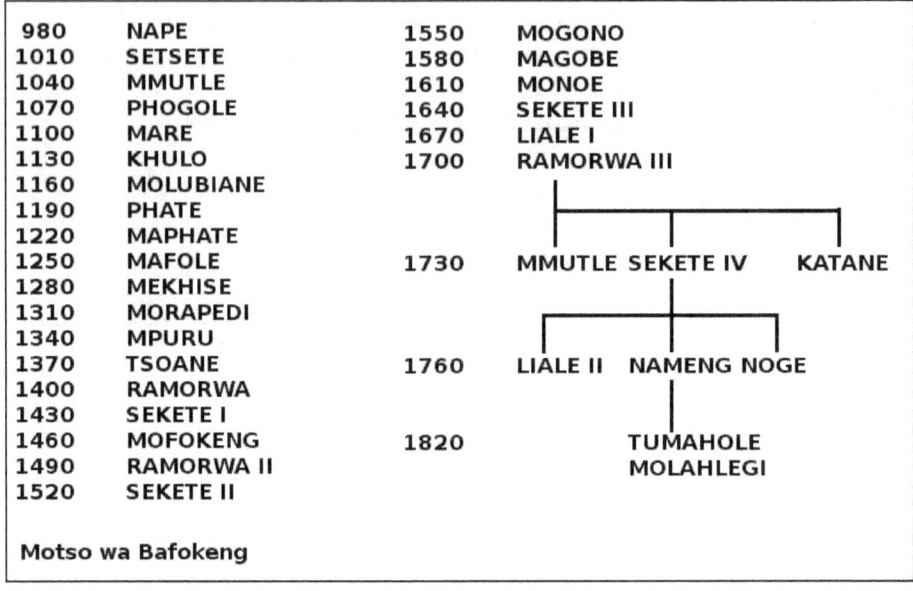

980	NAPE		1550	MOGONO
1010	SETSETE		1580	MAGOBE
1040	MMUTLE		1610	MONOE
1070	PHOGOLE		1640	SEKETE III
1100	MARE		1670	LIALE I
1130	KHULO		1700	RAMORWA III
1160	MOLUBIANE			
1190	PHATE			
1220	MAPHATE			
1250	MAFOLE		1730	MMUTLE SEKETE IV KATANE
1280	MEKHISE			
1310	MORAPEDI			
1340	MPURU			
1370	TSOANE		1760	LIALE II NAMENG NOGE
1400	RAMORWA			
1430	SEKETE I			
1460	MOFOKENG		1820	TUMAHOLE
1490	RAMORWA II			MOLAHLEGI
1520	SEKETE II			

Motso wa Bafokeng

5.2 Bafokeng ba Mmutla

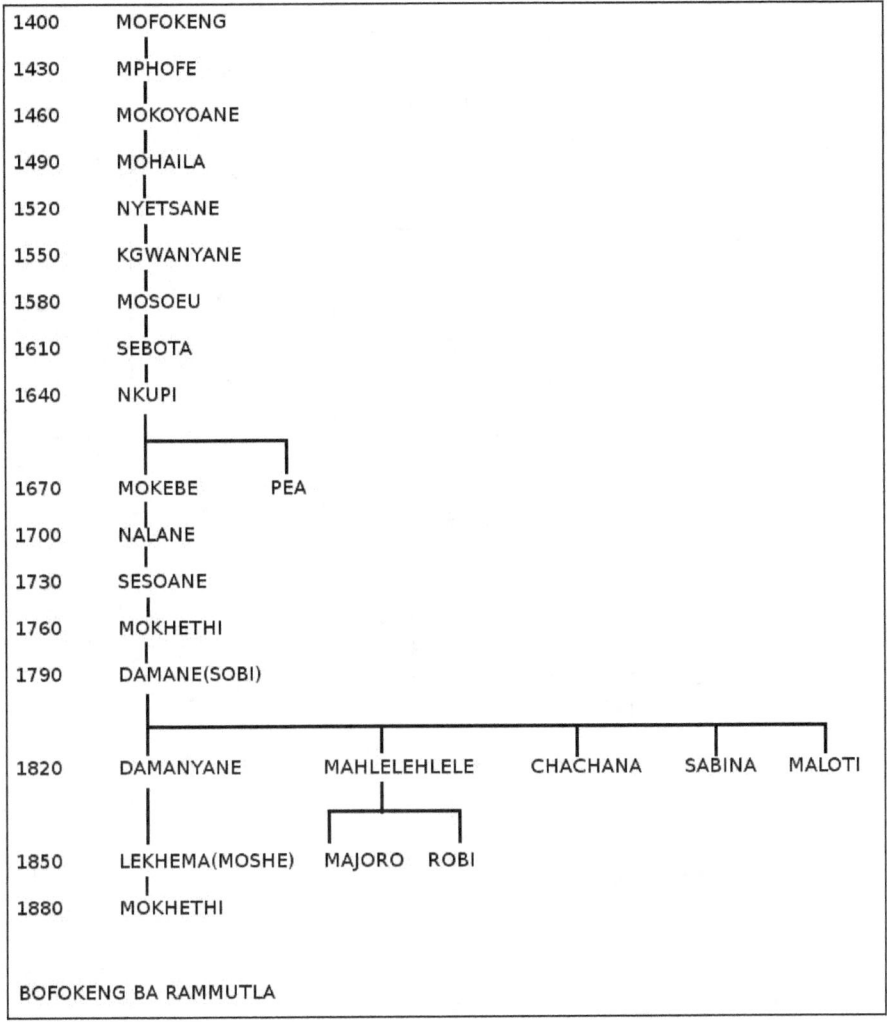

1400	MOFOKENG
1430	MPHOFE
1460	MOKOYOANE
1490	MOHAILA
1520	NYETSANE
1550	KGWANYANE
1580	MOSOEU
1610	SEBOTA
1640	NKUPI
1670	MOKEBE PEA
1700	NALANE
1730	SESOANE
1760	MOKHETHI
1790	DAMANE(SOBI)
1820	DAMANYANE MAHLELEHLELE CHACHANA SABINA MALOTI
1850	LEKHEMA(MOSHE) MAJORO ROBI
1880	MOKHETHI

BOFOKENG BA RAMMUTLA

5.3 Bafokeng ba Patsa

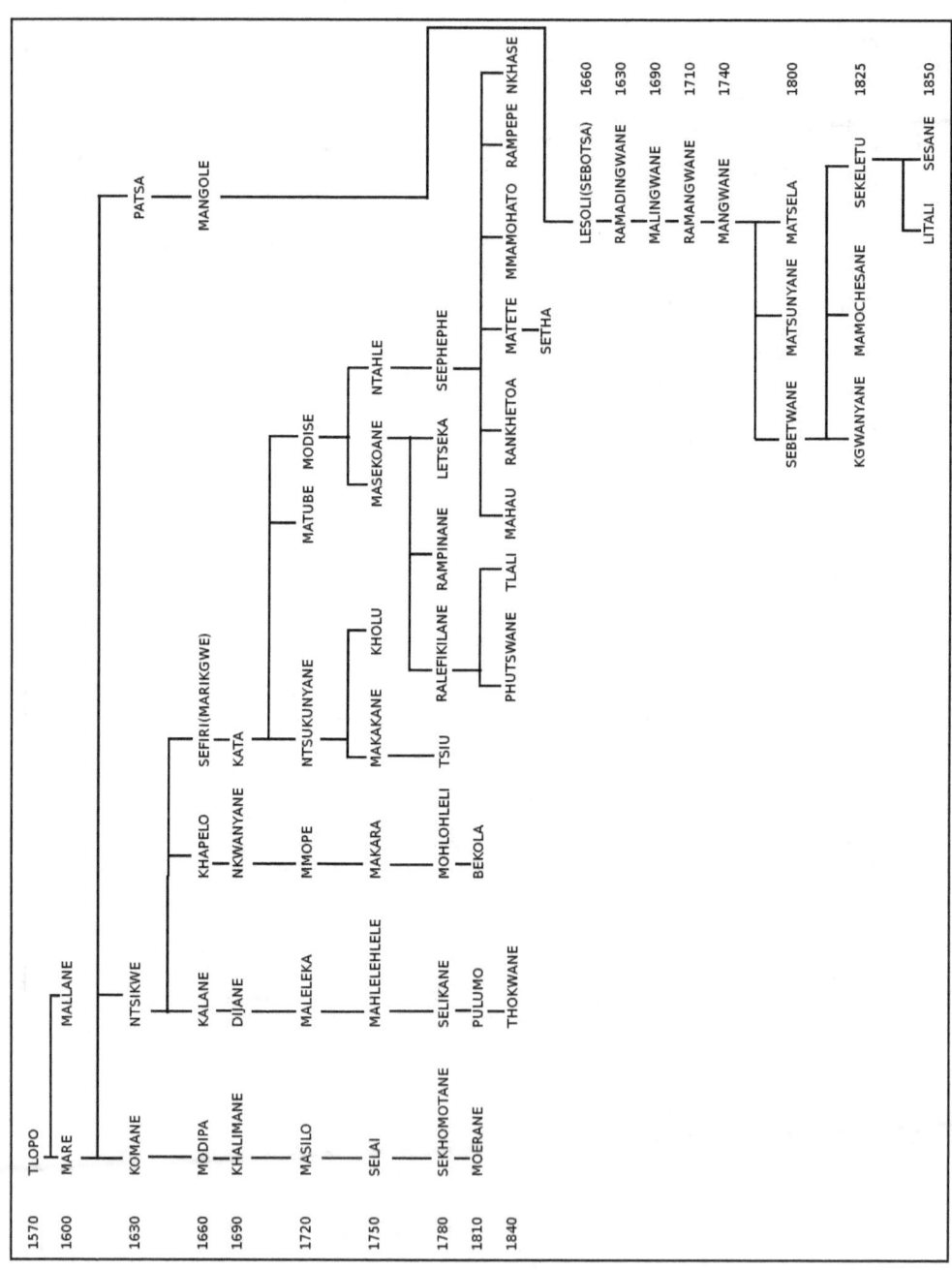

5.4 Bafokeng ba Ntswana-Tsatsi

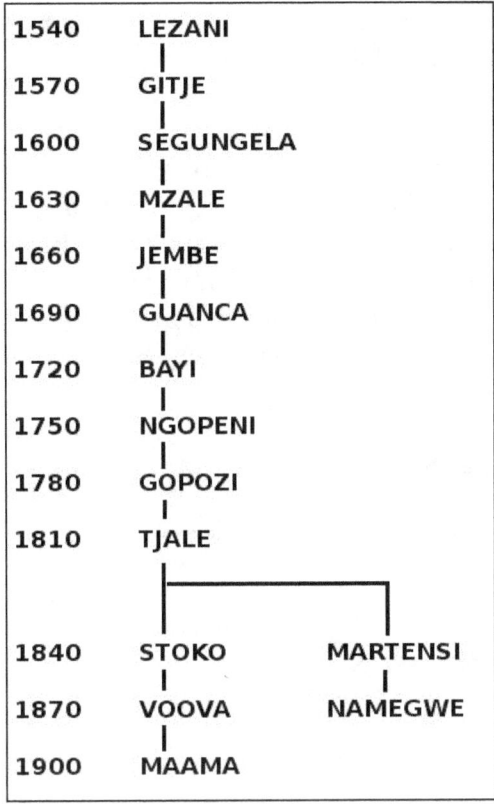

1540	LEZANI
1570	GITJE
1600	SEGUNGELA
1630	MZALE
1660	JEMBE
1690	GUANCA
1720	BAYI
1750	NGOPENI
1780	GOPOZI
1810	TJALE
1840	STOKO — MARTENSI
1870	VOOVA — NAMEGWE
1900	MAAMA

8. Dithoko tsa Seboko

Basotho ba na le diboko tseo ba ikgethang ka tsona melokong ka ho fapana. Batho ba seboko se le seng ba hlaha mohloding o le mong mme ba ya tswalana.

Ha seboko se rokelwa, ho hlahella mabitso a bathehi ba seboko seo kapa batho ba hlahelletseng ka mahetla hara seboko seo. Ho feta mona, ho rokelwa ha seboko ho boledisa badimo ba seboko seo ka tatellano; le ha kwana ba bang ba ka nna ba siuwa. Empa padiso ya meloko e lokela hore ka mehla e badiswe ho tloha ho e moholo ha ya ho e monyenyane kapa ho tloha ho e monyenyane ho isa ho e moholo.

Diboko di na le mesebetsi e mengata hara setjhaba, mme mesebetsi ena e kenyeletsa:
- Ho bontsha bonngwe ba leloko
- Ditumedisong
- Boitsebisong
- Diqekisong
- Ditebohong
- Boikanong
- Dikgothatsong
- Matshedisong
- Dithokong

Mona ke lenane la diboko tsa Bafokeng tseo ke kgonneng ho di bokella le hore na ha ba ithoka ba re eng:

8.1 MaNtsukunyane

Ke Mofokeng
Wa MaNtsukunyane wa Kata wa Sefiri,
Bakgwele ba titima mabitleng,
Thotsela sa Mokgwele ha se je moroko,
Se ja dipolokwe!
Fokoletsang Bakgwele dipolokwe,
Ha ba ata ba tla re bolaya.

8.2 MmaMokgadi wa Motlalane

Ke Mofokeng wa MmaMokgadi wa Motlalane,
Molemane, molema tsela,
Molema tshimo a sa e phophothe,
Motho wa MmaMoraredi wa Phohole,
Wa Maotwana finyela.

KAPA

Ke Mofokeng wa Mokgadi wa Motlalane,
Molemane, molema tsela,
Mokgatha thite ka mmoho a sa e qete.
Ke Mofokeng MoKomane,
Wa MmaMoraredi wa Phohole.
Rarollang ba bo Mare dithapong,
Ba rarehile ke ho ja hlooho ya kgomo,
Ba jele hlooho ya kgomo e le baena

8.3 Modise

Ke Mofokeng wa ha Modise,
Wa ha Molatswana,
Motho wa ha Kgetsi ya Maleke,
Motho wa ha Sekono, seholokela noto.

KAPA

Ke Mofokeng, MoKomane wa ha Modise,
Motho wa Matika wa Lesawana,
Motho wa ha Nyomenyome,
Motho wa Matlapa ha le ribollwe,
Motho wa Mahlono ha e phome,
Wa ha Kgomo e matha ka lebelo thoteng!

8.4 Mohaila Tshepe

Ke Mofokeng wa Mohaila Tshepe,
Motho wa kgomo nkgate
Wa MmaSebothwana,
Kgomo e hatile motjhana monwana o monyenyane.

8.5 Dijana

Ke thelleng
Ke le Mofokeng wa ha Dijana
Pudumo e a hlaba,
Rarollang ba Mare,
Ba tswe dithapong!

KAPA

Ke Mofokeng ke Dijana,
Ke ngwana Mare,
Mare wa Ntsikwe,
Le ba raretseng bana ba Mare,
Ba se na molato?
Molato wa kgomo o ka be o bolelwa,
Re mpe re o lefe,
Le ba tlatlapelang bana bana?
Le ba otlelang?
Hobane ha ba otluwe,
Ke bana ba madi a Phohole,
Ke bana ba kgarametswang,
Ha ba kgarametswe ka bokgopo,
Ba kgarametswa ka tumelo,
Molato wa bona re ka mpa ra o lefa,
Ke bana ba Pudumo,
Ba Pudumo ya Lephahla!

KAPA

Ke Mofokeng wa Dijana wa Tlopo,
Wa MaKhunwana wa Dijana,
Kgomo ha e fete motse Dijana,
E ka o feta ho ilwe masimong,
Ho ilwe kgitla lehola.

KAPA

Ke le motho wa ha Dijana,

Bafokeng

Motho wa ha Pudumo e ya hlaba,
E hlabile ntjana tse rolonyana!
Beng ba dintja ba ntse ba lla,
Ba ntse ba itlhakola menyepetsi,
Selepe se madi, se malobolobo.

8.6 Phohole

Ke Mofokeng wa MmaMaotwana finyela,
Wa MmaMoraredi wa Phohole,
Wa maotwana a kaa ka dinaledi,
A kaa ka jwang ba tshaane,
A kaa ka jwang ba molelengwane.

8.7 Mahase

Ke Lehoana la bo Tlalane
Mahoana e ka re ke dikepolana
E ka re dinku di nyoloha mokgwabong
Motho wa ha Mahase
O a hasa wa RaMpeoane
A hase dikgomo
A hase batho
A qetelle ka ho hasa le dipudungwana thabeng
Motho wa ha MmaKgomo di behile mehlolo phatleng
Motho wa ha MmaHlono e ya phuma e phumetse
Ba ha Mangoajane
Motho wa ha Mma-tlapa ha le ka thella ho ka hlaha mehlolo.

KAPA

Ke Lehowana la bo Tlalane,
Ke motho wa Mahase wa Mpeoane,
Ke hasa dikgomo,
Ke hasa le batho,
Ke hasa le dipudungwana naheng,
Ke ngwana Tau ya Matsebela,
Nong ha e ntje, mmane e mpone,
E tshaba ha e tla tshwehla molomo!

8.8 Maleka

Ke Mofokeng wa ha Kgetsi wa Malekele,
Batho ba neng ba leke letlalo la kgomo,
Le eso ho falwe,
La ba hlola, la kwala batho ba Dijana,
Batho ba mohlano o mofubedu,
O reng tleretlere!

KAPA

Ke Mofokeng wa ha Khetsi wa Malekele
Molipa Mokomane
Batho ba ho leka ho suoa lekoko la kgomo le le metsi
Mme la ba hlola

8.9 Tshele

Ke Mofokeng wa ha Tshele,
Wa Lekotwane la Mmulana Motlala,
Motho wa MmaNoha e talana,
Ya jang mmutla o le tala,
A o ja ditsebe a siya mmele,
Lekwekwe ke lang ha Tshele,
Ke la mohla ho neng ho tsekwa marapo.

KAPA

Ke thelleng
Ke le Mofokeng wa ha Tshele,
Wa MaMmulane wa Motlatla,
Ho itswe shwii shwii,
Ho uwe kae?
Ho uwe ha MmaKepile letsemeng,
Lebudi le hlaha kae?
Le hlaha motjheng,
Le bebenya ditedu!

8.10 Maotwana-finyela

Mofokeng wa Maotwana finyela,
Maoto a makaalo ka dinaledi,
A kaalo ka jwang ba tshaane, molelengwane,
Ke Mofokeng wa ha Mokgadi wa Motlalane,
Mofokeng wa ha Manti wa Mmope!

8.11 MaNtoto

Ke thella jwang,
Ke le motho wa MaNtoto,
Motho wa Maletlapa ha le ribollwe,
Wa Malejanasehlotshwana,
E a kgopa, RaMotshedisi,
E seng e kgopa basadi ba batho,
Motho wa Malejanasehlotshwana,
Motho wa Mahlonohlono,
Motho wa Maphakamisa molense,
Motho wa Mahlono e a phoma.

8.12 MaMphane

Ke Mofokeng,
Ngwana kgomo e tshwana,
Kgomo ya seema ka lelebe thoteng,
Ya nna ya hlaba mangope ho heleha,
Ke Lemphane,
Ke ngwana kgomo e tshwana,
Ya ho ema thoteng,
Motho wa Maletlapa ha le ribollwe,
Ekare o le ribolla, motho a hlaha,
Motho wa Mamosonotsokotsa,
Motho wa Mannywana,
Motho wa Mamalebe!

8.13 Sebolela

Ke Mofokeng wa Sebolela sa Kwena,
Motho wa mohope o mosweu,
Bongata bo lopa metsi,
Nna ke lopa hloya, mafi.
Ledu sa kgomo mafiela fatshe,
Leme la kgomo kobo ya matlakala

www.ingramcontent.com/pod-product-compliance
Lightning Source LLC
Chambersburg PA
CBHW070228290526
45789CB00004B/1535